記号さがし ②-1

JN112254

年　月　日　名前（　　　　　　　　　　　　）

と　の数を数えながら、と　に ✔ をつけましょう。

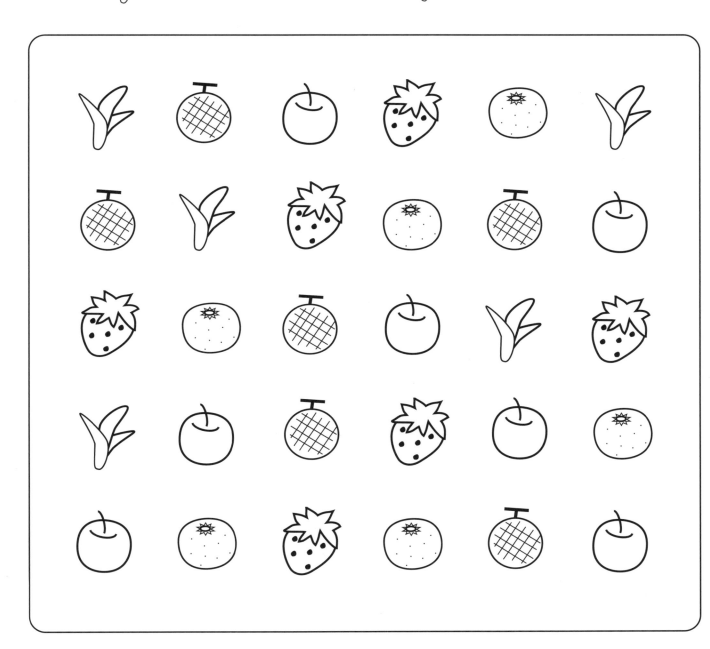

は〔　　　〕個　　　は〔　　　〕個

宮口幸治：やさしいコグトレ―認知機能強化トレーニング．三輪書店、2018 より

記号さがし ②-2

年　　　月　　　日　名前（　　　　　　　　　　　　　　　　　　　　）

🍒 と 🌿 の数を数えながら、🍒 と 🌿 に ✔ をつけましょう。

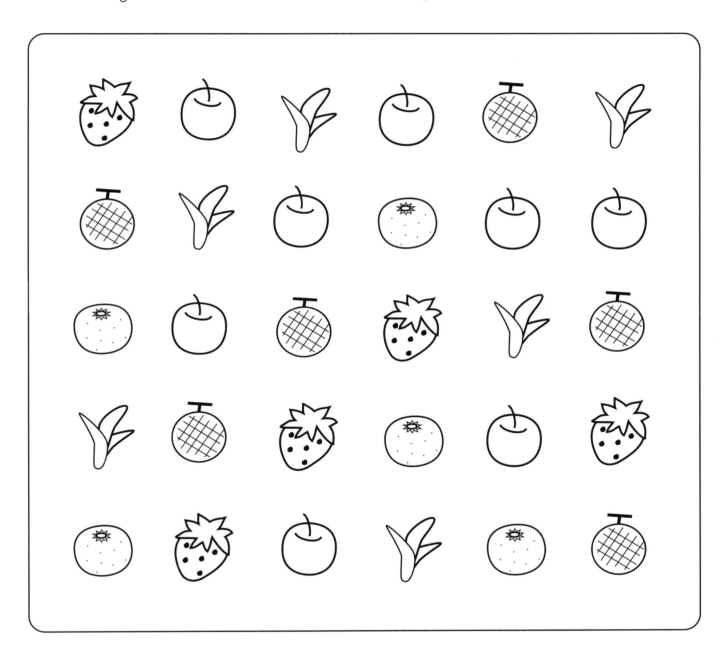

🍒 は〔　　　〕個　　　🌿 は〔　　　〕個

宮口幸治：やさしいコグトレ―認知機能強化トレーニング．三輪書店、2018 より

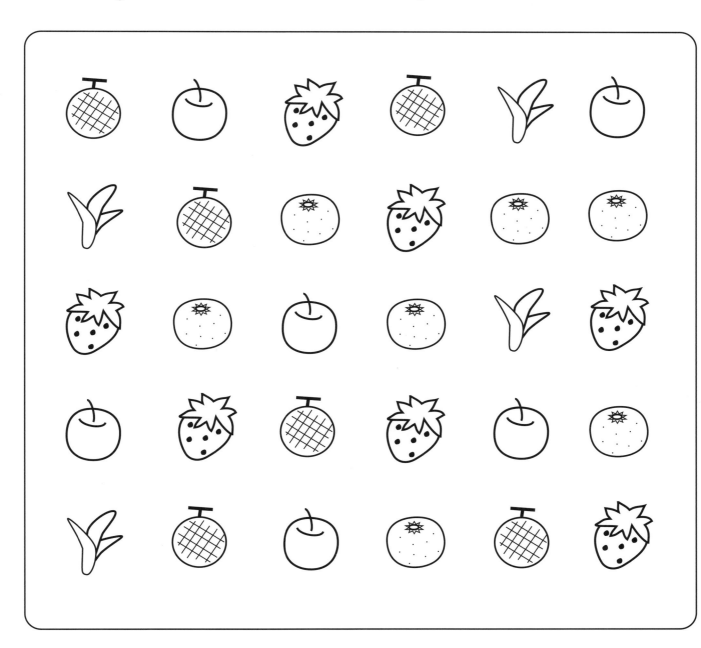

年　月　日　名前（　　　　　　　　　　　　　　　　）

と の数を数えながら、 と に ✔ をつけましょう。

は〔　　　〕個　　　　は〔　　　〕個

宮口幸治：やさしいコグトレ―認知機能強化トレーニング．三輪書店、2018 より

年　月　日　名前（　　　　　　　　　　　　　　　）

🍎と🌱の数を数えながら、🍎と🌱に ✔ をつけましょう。

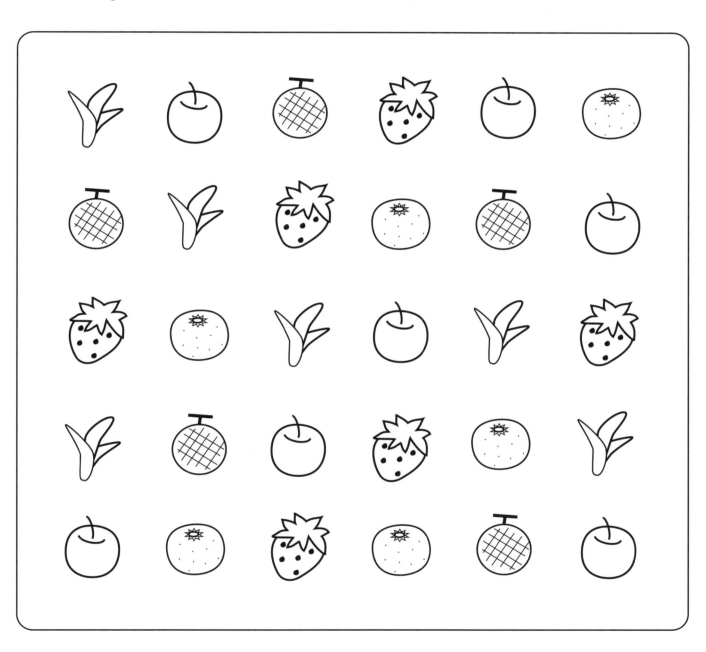

🍎 は〔　　　　〕個　　🌱 は〔　　　　〕個

宮口幸治：やさしいコグトレ―認知機能強化トレーニング．三輪書店、2018 より

年　月　日　名前 (　　　　　　　　　　　　　　)

🍎と🌱の数を数えながら、🍎と🌱に ✔ をつけましょう。

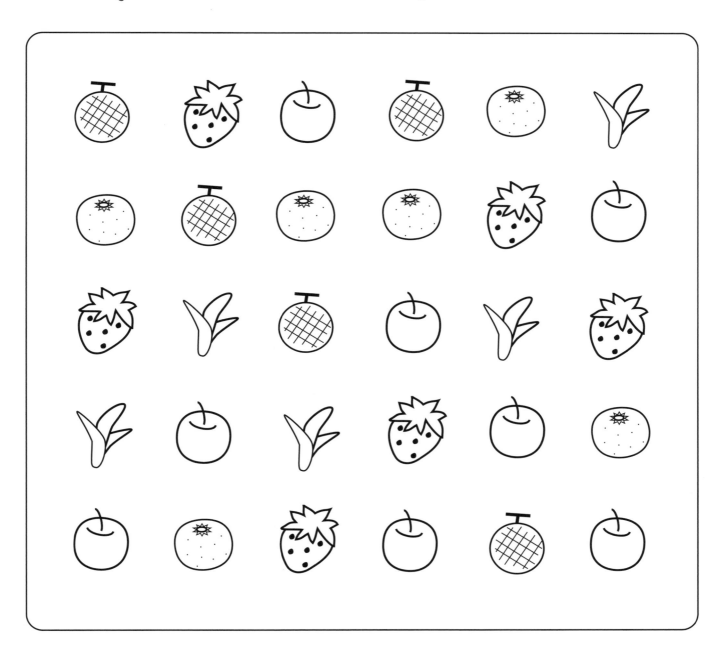

🍎 は 〔　　　〕個　　🌱 は 〔　　　〕個

宮口幸治：やさしいコグトレ―認知機能強化トレーニング．三輪書店、2018 より

年 月 日 名前（　　　　　　　　　　　　　　　　　）

○と☘の数を数えながら、○と☘に✔をつけましょう。

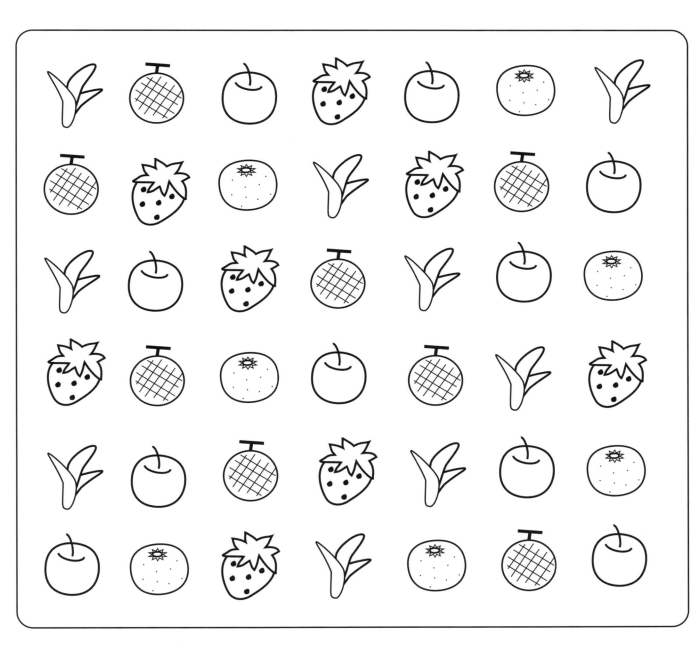

○は〔　　　〕個　　　☘は〔　　　〕個

宮口幸治：やさしいコグトレ―認知機能強化トレーニング．三輪書店、2018 より

きごう

年　月　日　名前（　　　　　　　　　　　　　　）
ねん　がつ　にち　なまえ

○と ╲╱ の数を数えながら、○と ╲╱ に ✔ をつけましょう。
かず　かぞ

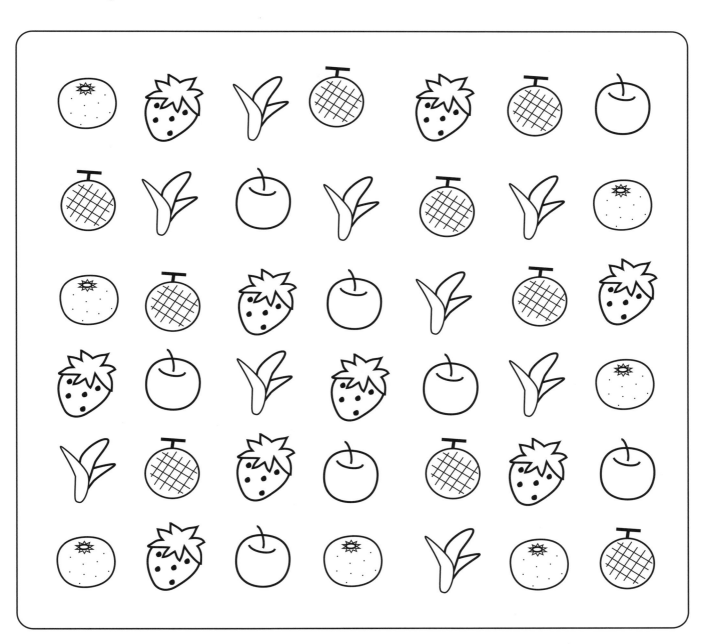

○ は〔　　　〕個　　　╲╱ は〔　　　〕個
こ　　　　　　　　　　　　　　　　　　　こ

宮口幸治：やさしいコグトレ―認知機能強化トレーニング．三輪書店、2018 より

記号さがし ②-8

年　月　日　名前（　　　　　　　　　　　　）

🍎と🌿の数を数えながら、🍎と🌿に ✔ をつけましょう。

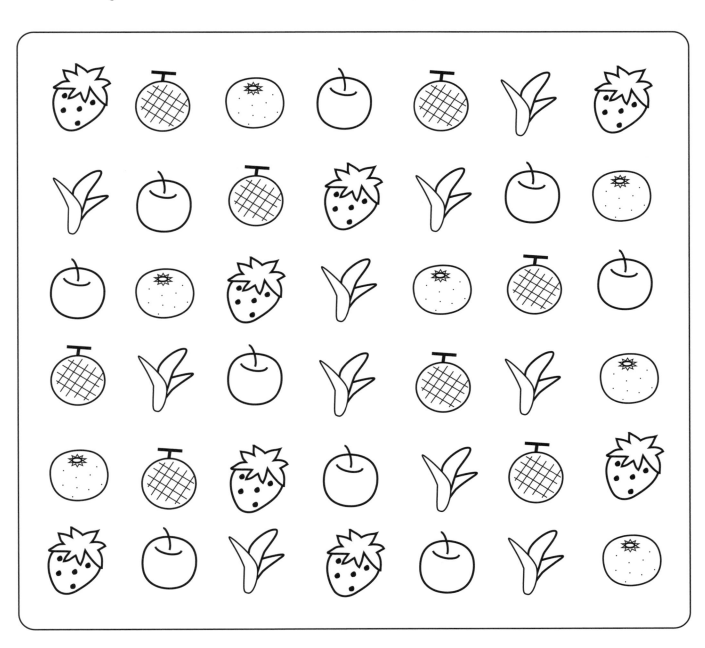

 は〔　　　〕個　　　🌿は〔　　　〕個

宮口幸治：やさしいコグトレ―認知機能強化トレーニング. 三輪書店、2018 より

年　月　日　名前（　　　　　　　　　　　　　　　）

と🌱の数を数えながら、🍒と🌱に✔をつけましょう。

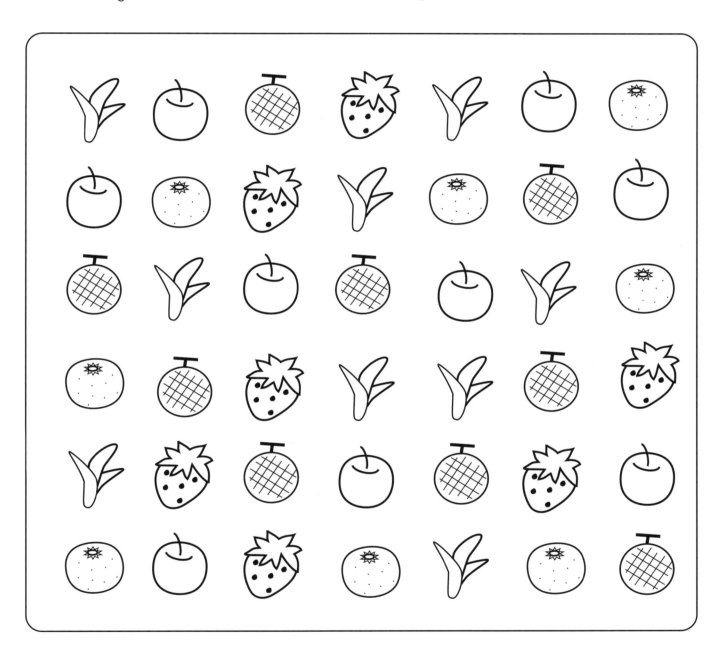

🍎は〔　　　〕個　　🌱は〔　　　〕個

宮口幸治：やさしいコグトレ―認知機能強化トレーニング．三輪書店、2018 より

記号さがし ② - 10

年　　　月　　　日　名前（　　　　　　　　　　　　　　　）

と の数を数えながら、 と に ✔ をつけましょう。

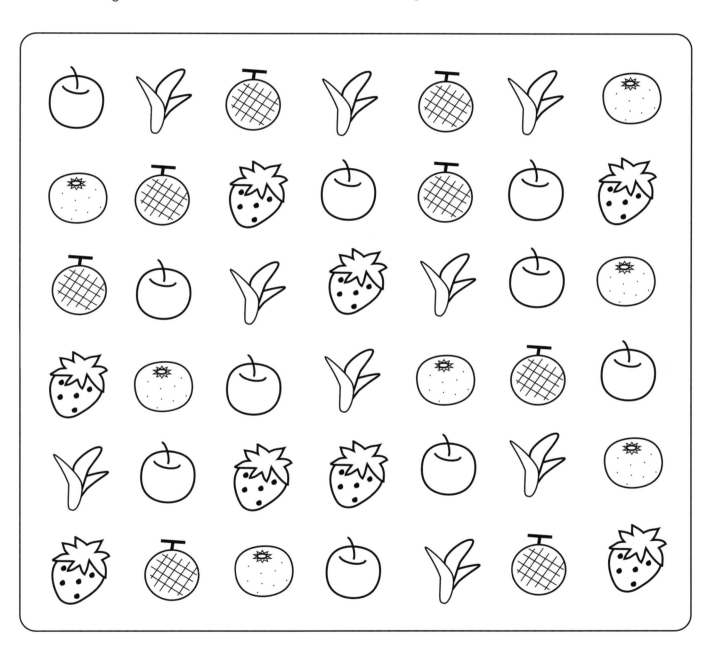

は〔　　　〕個　　　　は〔　　　〕個

宮口幸治：やさしいコグトレ―認知機能強化トレーニング．三輪書店、2018 より

年 月 日 名前 (　　　　　　　　　　　　　　　　　)

と の数を数えながら、 と に ✔ をつけましょう。

は 〔　　　〕個　　　　 は 〔　　　〕個

宮口幸治：やさしいコグトレ―認知機能強化トレーニング. 三輪書店、2018 より

年　月　日　名前（　　　　　　　　　　　　　　）

🍎と🌿の数を数えながら、🍎と🌿に ✔ をつけましょう。

🍎 は 〔　　　〕個　　🌿 は 〔　　　〕個

宮口幸治：やさしいコグトレ―認知機能強化トレーニング．三輪書店、2018 より

年　　月　　日　名前（　　　　　　　　　　　　　　　　　　）

🍎と🌱の数を数えながら、🍎と🌱に✔をつけましょう。

🍎 は〔　　　〕個　　🌱 は〔　　　〕個

宮口幸治：やさしいコグトレ—認知機能強化トレーニング．三輪書店、2018 より

年 月 日 名前 ( )

◯と Y の数を数えながら、◯と Y に ✓ をつけましょう。

◯ は 〔 〕個 　 Y は 〔 〕個

宮口幸治：やさしいコグトレ―認知機能強化トレーニング. 三輪書店、2018 より

年　月　日　名前（　　　　　　　　　　　　　　　　　　）

との数を数えながら、とに ✔ をつけましょう。

🍎 は〔　　　〕個　　　🌱 は〔　　　〕個

宮口幸治：やさしいコグトレ―認知機能強化トレーニング．三輪書店、2018 より

記号さがし ②－16

きごう

年 月 日 名前（　　　　　　　　　　　　　　　）

ねん　がつ　にち　なまえ

と の数を数えながら、 と に ✔ をつけましょう。

かず　かぞ

は〔　　　〕個　　　は〔　　　〕個

こ　　　　　　　　　　　　こ

宮口幸治：やさしいコグトレ―認知機能強化トレーニング．三輪書店、2018 より

年　月　日　名前（　　　　　　　　　　　　　　）

と の数を数えながら、 と に ✔ をつけましょう。

は 〔　　　〕個　　　 は 〔　　　〕個

宮口幸治：やさしいコグトレ―認知機能強化トレーニング．三輪書店、2018 より

きごう

年　月　日　名前（　　　　　　　　　　　　　　　）

と 🌱 の数を数えながら、 と 🌱 に ✔ をつけましょう。

🍎 は〔　　　〕個　　　🌱 は〔　　　〕個

宮口幸治：やさしいコグトレ―認知機能強化トレーニング．三輪書店、2018 より

年　月　日　名前（　　　　　　　　　　　　）

と の数を数えながら、 と に ✔ をつけましょう。

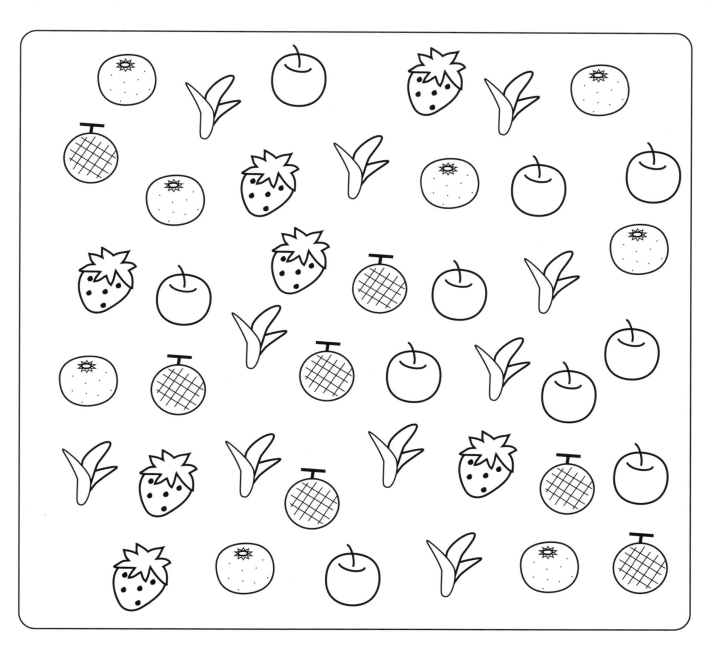

 は 〔　　　〕個　　　 は 〔　　　〕個

宮口幸治：やさしいコグトレ―認知機能強化トレーニング．三輪書店、2018 より

きごう

年　月　日　名前（　　　　　　　　　　　　　）
ねん　がつ　にち　なまえ

🍎 と 🌱 の数を数えながら、🍎 と 🌱 に ✔ をつけましょう。
かず　かぞ

🍎 は 〔　　　〕 個　　　🌱 は 〔　　　〕 個
こ　　　　　　　　　　　　　　こ

宮口幸治：やさしいコグトレ―認知機能強化トレーニング. 三輪書店、2018 より

記号さがし ② おまけ1

年 月 日 名前 ( )

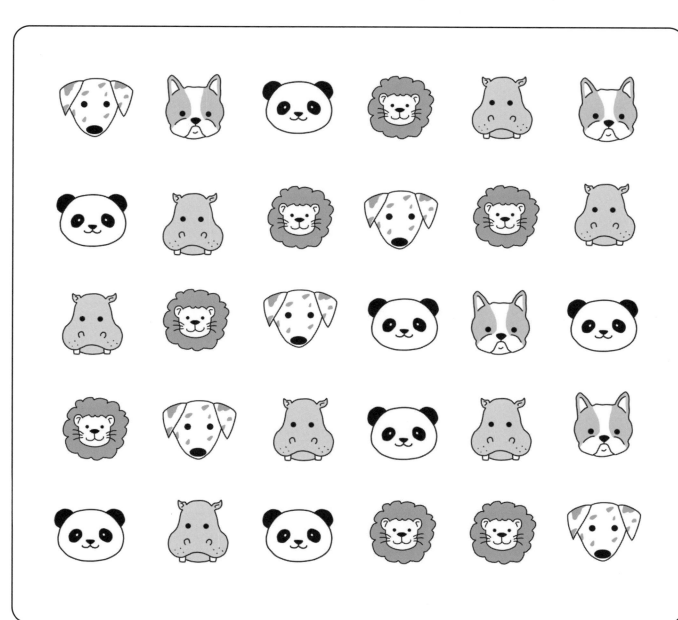 と 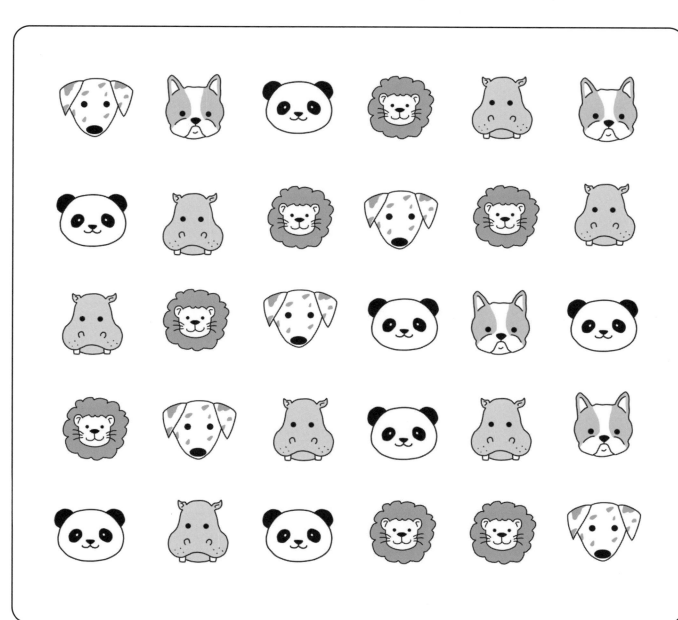 の数を数えながら、 と に ✔ をつけましょう。

 は 〔 〕頭　　 は 〔 〕頭

宮口幸治：コグトレドリル やさしいコグトレ—数えるⅡ. 三輪書店、2021

記号さがし　②　おまけ２

年　月　日　名前（　　　　　　　　　　　　　　　　）

 と  の数を数えながら、 と に ✔ をつけましょう。

 は〔　　〕台　　 は〔　　〕台

宮口幸治：コグトレドリル やさしいコグトレ―数えるⅡ．三輪書店、2021

年 月 日 名前 ( )

🐼と🐕 の数を数えながら、🐼と🐕 に ✔ をつけましょう。

🐼 は〔 　 〕頭　　🐕 は〔 　 〕匹

宮口幸治：コグトレドリル やさしいコグトレ─数えるⅡ．三輪書店、2021

年 月 日 名前 (　　　　　　　　　　　　　　)

と の数を数えながら、と に ✔ をつけましょう。

は 〔　　　〕艘　　は 〔　　　〕機

宮口幸治：コグトレドリル やさしいコグトレ—数えるⅡ．三輪書店、2021

年　　月　　日　名前（　　　　　　　　　　　　　　　）

計算の答えと同じ数字の（　　　）に、「ア～ソ」を入れましょう。

ア	1＋0	カ	1＋3	サ	2＋5
イ	1＋2	キ	0＋1	シ	3＋5
ウ	2＋3	ク	2＋4	ス	5＋4
エ	5＋2	ケ	2＋0	セ	9＋1
オ	4＋5	コ	1＋5	ソ	8＋1

1 （　　　　）（　　　　）

2 （　　　　）

3 （　　　　）

4 （　　　　）

5 （　　　　）

6 （　　　　）（　　　　）

7 （　　　　）（　　　　）

8 （　　　　）

9 （　　　　）（　　　　）（　　　　）

10 （　　　　）

宮口幸治：やさしいコグトレ―認知機能強化トレーニング. 三輪書店、2018 より

年　　月　　日　名前（　　　　　　　　　　　　　）

計算の答えと同じ数字の（　　）に、「ア〜ソ」を入れましょう。

ア	1+0	カ	1+1	サ	4+5
イ	2+1	キ	2+2	シ	7+3
ウ	4+1	ク	6+4	ス	4+2
エ	5+4	ケ	3+4	セ	5+2
オ	2+6	コ	8+2	ソ	6+3

1（　　　）

2（　　　）

3（　　　）

4（　　　）

5（　　　）

6（　　　）

7（　　　）（　　　　）

8（　　　）

9（　　　）（　　　　）（　　　　）

10（　　　　）（　　　　）（　　　　）

宮口幸治：やさしいコグトレ―認知機能強化トレーニング．三輪書店、2018 より

年　　月　　日　名前（　　　　　　　　　　）

計算の答えと同じ数字の（　　）に、「ア～ソ」を入れましょう。

ア	1+3	カ	1+0	サ	1+9
イ	3+3	キ	3+5	シ	0+3
ウ	2+1	ク	1+1	ス	5+5
エ	4+5	ケ	2+5	セ	3+2
オ	7+3	コ	3+6	ソ	1+5

1（　　　）
2（　　　）
3（　　　）（　　　）
4（　　　）
5（　　　）
6（　　　）（　　　）
7（　　　）
8（　　　）
9（　　　）（　　　）
10（　　　）（　　　）（　　　）

宮口幸治：やさしいコグトレ―認知機能強化トレーニング. 三輪書店、2018 より

年　　　月　　　日　名前（　　　　　　　　　　　　　　　）

計算の答えと同じ数字の（　　　）に、「ア～ソ」を入れましょう。

ア	1＋1	カ	2＋1	サ	3＋5
イ	0＋1	キ	3＋3	シ	2＋8
ウ	3＋1	ク	2＋0	ス	2＋7
エ	2＋5	ケ	3＋4	セ	5＋2
オ	1＋4	コ	3＋6	ソ	7＋3

1（　　　）
2（　　　）（　　　）
3（　　　）
4（　　　）
5（　　　）
6（　　　）
7（　　　）（　　　）（　　　）
8（　　　）
9（　　　）（　　　）
10（　　　）（　　　）

宮口幸治：やさしいコグトレ―認知機能強化トレーニング．三輪書店、2018 より

年　　月　　日　名前（　　　　　　　　　　　　　）

計算の答えと同じ数字の（　　）に、「ア〜ソ」を入れましょう。

ア	4＋1	カ	9＋1	サ	4＋4
イ	3＋4	キ	4＋2	シ	1＋2
ウ	2＋2	ク	1＋4	ス	1＋0
エ	3＋2	ケ	4＋3	セ	2＋3
オ	3＋6	コ	1＋9	ソ	2＋0

1（　　　）

2（　　　）

3（　　　）

4（　　　）

5（　　　）（　　　　）（　　　　）（　　　　）

6（　　　）

7（　　　）（　　　　）

8（　　　）

9（　　　）

10（　　　）（　　　　）

宮口幸治：やさしいコグトレ―認知機能強化トレーニング. 三輪書店、2018 より

年　　月　　日　名前（　　　　　　　　　　　　　　）

計算の答えと同じ数字の（　　　）に、「ア〜ソ」を入れましょう。

ア	1＋1	カ	3＋1	サ	3＋5
イ	1＋3	キ	6＋2	シ	4＋1
ウ	1＋6	ク	4＋2	ス	8＋2
エ	3＋6	ケ	0＋3	セ	3＋4
オ	0＋1	コ	2＋2	ソ	5＋3

1（　　　）

2（　　　）

3（　　　）

4（　　　）（　　　　）（　　　　）

5（　　　）

6（　　　）

7（　　　）（　　　　）

8（　　　）（　　　　）（　　　　）

9（　　　）

10（　　　）

宮口幸治：やさしいコグトレ―認知機能強化トレーニング．三輪書店、2018 より

年　　月　　日　名前 (　　　　　　　　　　　　)

計算の答えと同じ数字の(　　)に、「ア〜ソ」を入れましょう。

ア	1＋1	カ	0＋1	サ	3＋6
イ	2＋2	キ	3＋2	シ	3＋5
ウ	4＋2	ク	2＋1	ス	2＋7
エ	1＋2	ケ	3＋4	セ	5＋2
オ	2＋6	コ	9＋1	ソ	5＋3

1 (　　　)

2 (　　　)

3 (　　　)(　　　)

4 (　　　)

5 (　　　)

6 (　　　)

7 (　　　)(　　　)

8 (　　　)(　　　)(　　　)

9 (　　　)(　　　)

10 (　　　)

宮口幸治：やさしいコグトレ―認知機能強化トレーニング．三輪書店、2018 より

年　　月　　日　名前（　　　　　　　　　　）

計算の答えと同じ数字の（　　）に、「ア〜ソ」を入れましょう。

ア	1＋1	カ	2＋1	サ	3＋6
イ	1＋4	キ	4＋2	シ	2＋5
ウ	6＋1	ク	2＋2	ス	4＋6
エ	1＋2	ケ	2＋6	セ	4＋1
オ	1＋0	コ	1＋9	ソ	0＋3

1（　　　）
2（　　　）
3（　　　）（　　　）（　　　）
4（　　　）
5（　　　）（　　　）
6（　　　）
7（　　　）（　　　）
8（　　　）
9（　　　）
10（　　　）（　　　）

宮口幸治：やさしいコグトレ―認知機能強化トレーニング．三輪書店、2018 より

年　　月　　日　名前 (　　　　　　　　　　　　　)

計算の答えと同じ数字の(　　　)に、「ア〜ソ」を入れましょう。

ア	1+1	カ	2+1	サ	5+5
イ	3+1	キ	0+1	シ	2+5
ウ	2+4	ク	1+4	ス	4+6
エ	3+5	ケ	8+2	セ	3+4
オ	1+0	コ	8+1	ソ	3+7

1 (　　　) (　　　)

2 (　　　)

3 (　　　)

4 (　　　)

5 (　　　)

6 (　　　)

7 (　　　) (　　　)

8 (　　　)

9 (　　　)

10 (　　　) (　　　) (　　　) (　　　)

宮口幸治：やさしいコグトレ―認知機能強化トレーニング. 三輪書店、2018 より

年　月　日　名前（　　　　　　　　　　　）

計算の答えと同じ数字の（　　）に、「ア〜ソ」を入れましょう。

ア	1＋1	カ	9＋0	サ	0＋5
イ	2＋2	キ	3＋4	シ	3＋6
ウ	4＋2	ク	2＋1	ス	3＋2
エ	3＋5	ケ	2＋3	セ	8＋1
オ	3＋7	コ	1＋8	ソ	1＋0

1 （　　　）

2 （　　　）

3 （　　　）

4 （　　　）

5 （　　　）（　　　　）（　　　　）

6 （　　　）

7 （　　　）

8 （　　　）

9 （　　　）（　　　）（　　　）（　　　　）

10 （　　　）

宮口幸治：やさしいコグトレ─認知機能強化トレーニング．三輪書店、2018 より

年　　月　　日　名前（　　　　　　　　　　　　　）

計算の答えと同じ数字の（　　）に、「ア～ソ」を入れましょう。

ア	2＋0	カ	1＋2	サ	3＋5
イ	1＋1	キ	0＋1	シ	3＋4
ウ	3＋3	ク	2＋2	ス	5＋1
エ	4＋1	ケ	9＋0	セ	6＋1
オ	5＋5	コ	2＋5	ソ	7＋2

1（　　　）
2（　　　）（　　　）
3（　　　）
4（　　　）
5（　　　）
6（　　　）（　　　）
7（　　　）（　　　）（　　　）
8（　　　）
9（　　　）（　　　）
10（　　　）

宮口幸治：コグトレドリル やさしいコグトレ―数えるⅡ．三輪書店、2021

年　月　日　名前（　　　　　　　　　　　　）

計算の答えと同じ数字の(　　　)に、「タ〜ホ」を入れましょう。

タ	5+5	ナ	2+3	ハ	5+4
チ	1+1	ニ	4+2	ヒ	2+7
ツ	0+1	ヌ	6+4	フ	6+2
テ	2+1	ネ	2+5	ヘ	7+0
ト	1+3	ノ	8+0	ホ	1+9

1 （　　　）
2 （　　　）
3 （　　　）
4 （　　　）
5 （　　　）
6 （　　　）
7 （　　　）（　　　）
8 （　　　）（　　　）
9 （　　　）（　　　）
10 （　　　）（　　　）（　　　）

宮口幸治：コグトレドリル　やさしいコグトレ―数えるⅡ．三輪書店、2021

年　月　日　名前（　　　　　　　　　　　　　）

計算の答えと同じ数字の（　　）に、「ナ〜モ」を入れましょう。

ナ	7＋2	ハ	0＋1	マ	1＋9
ニ	3＋3	ヒ	3＋0	ミ	2＋3
ヌ	2＋2	フ	1＋1	ム	5＋5
ネ	4＋4	ヘ	1＋5	メ	6＋2
ノ	8＋2	ホ	3＋4	モ	0＋9

1（　　　）
2（　　　）
3（　　　）
4（　　　）
5（　　　）
6（　　　）（　　　）
7（　　　）
8（　　　）（　　　）
9（　　　）（　　　）
10（　　　）（　　　）（　　　）

宮口幸治：コグトレドリル やさしいコグトレ―数えるⅡ．三輪書店、2021

年 月 日 名前（ 　　　　　　　　　　　　　 ）

計算の答えと同じ数字の（　　　）に、「ガ〜ド」を入れましょう。

ガ	1＋0	ザ	3＋1	ダ	3＋7
ギ	1＋1	ジ	2＋2	ヂ	4＋2
グ	2＋1	ズ	1＋4	ツ	2＋7
ゲ	2＋3	ゼ	5＋4	デ	8＋2
ゴ	3＋4	ゾ	2＋6	ド	0＋9

1 （　　　）

2 （　　　）

3 （　　　）

4 （　　　）（　　　　）

5 （　　　）（　　　　）

6 （　　　）

7 （　　　）

8 （　　　）

9 （　　　）（　　　　）（　　　　）

10 （　　　）（　　　　）

宮口幸治：コグトレドリル やさしいコグトレ―数えるⅡ．三輪書店、2021

こたえ

記号さがし

②−1 🍎：7　🌱：5
②−2 🍎：8　🌱：6
②−3 🍎：6　🌱：4
②−4 🍎：7　🌱：6
②−5 🍎：8　🌱：5
②−6 🍎：10　🌱：9
②−7 🍎：8　🌱：9

②−8 🍎：9　🌱：10
②−9 🍎：9　🌱：9
②−10 🍎：10　🌱：9
②−11 🍎：7　🌱：5
②−12 🍎：8　🌱：6
②−13 🍎：6　🌱：4
②−14 🍎：7　🌱：6
②−15 🍎：8　🌱：5
②−16 🍎：10　🌱：9

②−17 🍎：9　🌱：8
②−18 🍎：9　🌱：10
②−19 🍎：10　🌱：10
②−20 🍎：9　🌱：10
②−おまけ1 🐼：7　🦁：7
②−おまけ2 🚗：7　🚚：6
②−おまけ3 🐼：8　🐱：7
②−おまけ4 🚢：7　🚀：6

あいう算

②−1

```
 1（ ア ）（ キ ）
 2（ ケ ）
 3（ イ ）
 4（ カ ）
 5（ ウ ）
 6（ ク ）（ コ ）
 7（ エ ）（ サ ）
 8（ シ ）
 9（ オ ）（ ス ）（ ソ ）
10（ セ ）
```

②−2

```
 1（ ア ）
 2（ カ ）
 3（ イ ）
 4（ キ ）
 5（ ウ ）
 6（ ス ）
 7（ ケ ）（ セ ）
 8（ オ ）
 9（ エ ）（ サ ）（ ソ ）
10（ ク ）（ コ ）（ シ ）
```

②−3

```
 1（ カ ）
 2（ ク ）
 3（ ウ ）（ シ ）
 4（ ア ）
 5（ セ ）
 6（ イ ）（ ソ ）
 7（ ケ ）
 8（ キ ）
 9（ エ ）（ コ ）
10（ オ ）（ サ ）（ ス ）
```

②−4

```
 1（ イ ）
 2（ ア ）（ ク ）
 3（ カ ）
 4（ ウ ）
 5（ オ ）
 6（ キ ）
 7（ エ ）（ ケ ）（ セ ）
 8（ サ ）
 9（ コ ）（ ス ）
10（ シ ）（ ソ ）
```

②−5

```
 1（ ス ）
 2（ ソ ）
 3（ シ ）
 4（ ウ ）
 5（ ア ）（ エ ）（ ク ）（ セ ）
 6（ キ ）
 7（ イ ）（ ケ ）
 8（ サ ）
 9（ オ ）
10（ カ ）（ コ ）
```

②−6

```
 1（ オ ）
 2（ ア ）
 3（ ケ ）
 4（ イ ）（ カ ）（ コ ）
 5（ シ ）
 6（ ク ）
 7（ ウ ）（ セ ）
 8（ キ ）（ サ ）（ ソ ）
 9（ エ ）
10（ ス ）
```

あいう算（続き）

②−7

```
 1 ( カ )
 2 ( ア )
 3 ( エ )( ク )
 4 ( イ )
 5 ( キ )
 6 ( ウ )
 7 ( ケ )( セ )
 8 ( オ )( シ )( ソ )
 9 ( サ )( ス )
10 ( コ )
```

②−8

```
 1 ( オ )
 2 ( ア )
 3 ( エ )( カ )( ソ )
 4 ( ク )
 5 ( イ )( セ )
 6 ( キ )
 7 ( ウ )( シ )
 8 ( ケ )
 9 ( サ )
10 ( コ )( ス )
```

②−9

```
 1 ( オ )( キ )
 2 ( ア )
 3 ( カ )
 4 ( イ )
 5 ( ク )
 6 ( ウ )
 7 ( シ )( セ )
 8 ( エ )
 9 ( コ )
10 ( ケ )( サ )( ス )( ソ )
```

②−10

```
 1 ( ソ )
 2 ( ア )
 3 ( ク )
 4 ( イ )
 5 ( ケ )( サ )( ス )
 6 ( ウ )
 7 ( キ )
 8 ( エ )
 9 ( カ )( コ )( シ )( セ )
10 ( オ )
```

あいう算

②おまけ−1

```
 1 ( キ )
 2 ( ア )( イ )
 3 ( カ )
 4 ( ク )
 5 ( エ )
 6 ( ウ )( ス )
 7 ( コ )( シ )( セ )
 8 ( サ )
 9 ( ケ )( ソ )
10 ( オ )
```

②おまけ−2

```
 1 ( ツ )
 2 ( チ )
 3 ( テ )
 4 ( ト )
 5 ( ナ )
 6 ( ニ )
 7 ( ネ )( ヘ )
 8 ( ノ )( フ )
 9 ( ハ )( ヒ )
10 ( タ )( ヌ )( ホ )
```

②おまけ−3

```
 1 ( ハ )
 2 ( フ )
 3 ( ヒ )
 4 ( ヌ )
 5 ( ミ )
 6 ( ニ )( ヘ )
 7 ( ホ )
 8 ( ネ )( メ )
 9 ( ナ )( モ )
10 ( ノ )( マ )( ム )
```

②おまけ−4

```
 1 ( ガ )
 2 ( ギ )
 3 ( グ )
 4 ( ザ )( ジ )
 5 ( ゲ )( ズ )
 6 ( ヂ )
 7 ( ゴ )
 8 ( ソ )
 9 ( ゼ )( ツ )( ド )
10 ( ダ )( デ )
```